Frohe Weihnachten, wünscht die Maus

Geschichten, Bastelideen und Lieder

Mit Illustrationen von Ina Steinmetz
und Texten von Karen Thilo und
Martin Frei-Borchers

Ravensburger Buchverlag

Advent, Advent

Der Winter naht. Die Tage werden kürzer und die Abende immer länger. Draußen ist es neblig und es weht ein kalter Wind. Maus, Elefant und Ente sitzen im kuschlig warmen Zimmer beieinander und freuen sich auf vier Wochen Adventszeit, die jetzt vor ihnen liegen. Erst mal wollen sie etwas basteln, um das Haus weihnachtlich zu schmücken. Sterne und Glanzpapier-Bilder. Und aus grünen Tannenzweigen, leuchtend roten Kerzen und selbst gebasteltem Weihnachtsschmuck: einen großen Adventskranz. Denn am Sonntag ist der erste Advent. Zur Stärkung beim Basteln gibt es Äpfel und Nüsse – und tatsächlich hat auch jemand schon Weihnachtsplätzchen gebacken!
Advent, Advent, ein Lichtlein brennt.

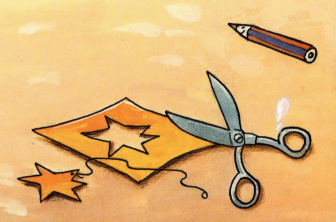

Bastelanleitung für einen Adventskranz

Dazu brauchst du:
einen fertig gebundenen Kranz
aus Tannenzweigen oder Buchs
oder
Tannen- oder Buchszweige,
eine Gartenschere,
Blumendraht

und außerdem:
vier Kerzen und Kerzenhalter,
weißes Papier,
eine dicke Nadel und einen Faden,
einen Bleistift,
Buntstifte oder Malfarben,
eine Schere

Einen fertigen Kranz aus Tannenzweigen kannst du auf dem Markt oder im Blumengeschäft kaufen. Mit Hilfe eines Erwachsenen kannst du ihn aber auch selbst herstellen.

Zuerst schneidest du die Äste mit einer Gartenschere zu 10 bis 15 cm kurzen Zweigen zurecht. Nun bindest du mehrere mit Draht zusammen.

Nach und nach legst du weitere Zweige dicht hintereinander und umwickelst fortlaufend den Stiel. So entsteht eine Girlande.

Wenn die Girlande etwa 70 cm lang ist, schließt du sie zum Kreis. Zum Schluss knotest du beide Enden mit dem Draht zusammen. Fertig ist dein Kranz!

Für den Schmuck malst du einige Sterne oder unsere drei Freunde auf Papier und schneidest sie anschließend aus.
In diesem Buch findest du bestimmt das eine oder andere Motiv als Vorlage.

Wenn du deine Bilder ausgeschnitten hast, ziehst du mit Hilfe einer Nadel einen Faden am oberen Rand durch die Motive und verknotest ihn.

Jetzt kannst du deinen Schmuck an den Kranz hängen. Zum Schluss steckst du noch die vier Kerzenhalter mit den Kerzen in den Kranz.

Lasst uns froh und munter sein

Lasst uns froh und mun-ter sein und uns recht von Herzen freun! Lus-tig, lus-tig, tra-la-la-la-la, bald ist Nik-laus-a-bend da, bald ist Nik-laus-a-bend da.

Lasst uns froh und munter sein
und uns recht von Herzen freun!
Lustig, lustig, tra-la-la-la-la,
bald ist Niklausabend da,
bald ist Niklausabend da.

Dann stell ich den Teller auf,
Niklaus legt gewiss was drauf.
Lustig, lustig, tra-la-la-la-la,
bald ist Niklausabend da,
bald ist Niklausabend da.

Wenn ich schlaf dann träume ich:
Jetzt bringt Niklaus was für mich.
Lustig, lustig, tra-la-la-la-la,
bald ist Niklausabend da,
bald ist Niklausabend da.

Wenn ich aufgestanden bin,
lauf ich schnell zum Teller hin.
Lustig, lustig, tra-la-la-la-la,
bald ist Niklausabend da,
bald ist Niklausabend da.

Niklaus ist ein guter Mann,
dem man nicht g'nug danken kann.
Lustig, lustig, tra-la-la-la-la,
bald ist Niklausabend da,
bald ist Niklausabend da.

Bald ist Nikolausabend da

Maus, Elefant und Ente freuen sich
auf eines der schönsten Feste im Advent:
Den Nikolausabend.
Die Maus mit ihrer roten Mütze und einem
großen Sack spielt den Nikolaus, der den
lieben Kindern Geschenke bringt. Der Elefant
ist der grimmige Knecht Ruprecht, der bösen
Kindern mit der Rute droht – wenn er welche
findet. Aber wo gibt es schon böse Kinder?
Also jagt er heute die Ente. Die Freunde
spielen noch ein bisschen weiter und schon
bald ist es so weit: An diesem Abend werden
sie bestimmt nicht vergessen, selber ihre
Stiefel vor die Tür zu stellen.
Advent, Advent, ein Lichtlein brennt.
Erst eins, dann zwei.

Knecht Ruprecht

Von drauß' vom Walde komm ich her;
ich muss euch sagen, es weihnachtet sehr!
Allüberall auf den Tannenspitzen
sah ich goldene Lichtlein sitzen;
und droben aus dem Himmelstor
sah mit großen Augen das Christkind hervor;
und wie ich so strolcht' durch den finsteren Tann,
da rief's mich mit heller Stimme an:
„Knecht Ruprecht", rief es, „alter Gesell,
hebe die Beine und spute dich schnell!
Die Kerzen fangen zu brennen an,
das Himmelstor ist aufgetan,
Alte und Junge sollen nun
von der Jagd des Lebens einmal ruhn;
und morgen flieg ich hinab zur Erden,
denn es soll wieder Weihnachten werden!"
Ich sprach: „Oh lieber Herre Christ,
meine Reise fast zu Ende ist;
ich soll nur noch in diese Stadt,
wo's eitel gute Kinder hat."
– „Hast denn das Säcklein auch bei dir?"
Ich sprach: „Das Säcklein, das ist hier:
Denn Äpfel, Nuss und Mandelkern
essen fromme Kinder gern."
– „Hast denn die Rute auch bei dir?"
Ich sprach: „Die Rute, die ist hier:
Doch für die Kinder nur, die schlechten,
die trifft sie auf den Teil, den rechten."
Christkindlein sprach: „So ist es recht.
So geh mit Gott, mein treuer Knecht!"
Von drauß' vom Walde komm ich her;
ich muss euch sagen, es weihnachtet sehr!
Nun sprecht, wie ich's hier innen find!
Sind's gute Kind, sind's böse Kind?

Theodor Storm

Lieber guter Nikolas,
bring den kleinen Kindern was.
Die großen lässt du laufen,
die können sich was kaufen.

Lieber, lieber Nikolaus zart,
haben schon lange auf dich gewart.
Will auf Vater und Mutter hören,
musst mir nur was Gutes bescheren.

Nikolaus, du guter Gast,
hast du mir was mitgebracht?
Hast du was, so setz dich nieder,
hast du nichts, dann geh nur wieder.
Kinderreime

Liebe Maus,
lieber Elefant,
liebe Ente,

danke für eure Wunschzettel! Jeden Tag flattern mir so schöne Briefe, gebastelte Karten und selbst gemalte Bilder ins Haus, die Kinder mir aus aller Welt schicken. Und heute waren eure dabei, da habe ich mich ganz besonders gefreut.
Es macht Spaß, anderen eine Freude zu bereiten, das wisst ihr ja selber.
Wenn ich als Weihnachtsmann auch einen Wunschzettel schreiben könnte, würde ich mir wünschen, dass es bald schneit, damit mein Schlitten besser fährt. Aber am meisten wünsche ich euch und allen Kindern auf der Welt ein schönes und friedliches Weihnachtsfest.

Euer Weihnachtsmann

Bastelanleitung für Pop-up-Weihnachtskarten

Dazu brauchst du:
Fotokarton in verschiedenen Farben
oder
fertige Postkarten aus Fotokarton, ebenfalls in verschiedenen Farben, eine Karte sollte etwas kleiner als die andere sein
und außerdem:
weißes Papier,
Buntstifte oder Malfarben,
einen Bleistift,
eine Schere,
Klebstoff,
ein Lineal

Zuerst schneidest du zwei Rechtecke aus: eins in der Größe 21 x 15 cm und eins in 19 x 13 cm. Dann knickst du beide in der Mitte einmal.

Schneide den Knick der kleineren Karte in der Mitte zweimal im Abstand von ca. 2 cm etwa 2 cm tief ein.

Nun schiebst du das eingeschnittene mittlere Stück entgegen der Knickfalte heraus.

Jetzt klebst du das kleinere Rechteck auf das größere. Achte darauf, dass du den Balken nicht festklebst!

Pause die Vorlage unten ab, male sie an und schneide sie aus. An der gestrichelten Linie faltest du den Boden nach vorne.

Nun klebst du die Maus an den Balken und auch den Boden der Vorlage klebst du auf der Karte fest.
Zum Schluss kannst du die Karte mit deinen guten Wünschen beschriften.

Die Maus als Vorlage zum Abpausen

Für die Weihnachtspostkarten mit dem Elefanten und der Ente gelten dieselben Bastelschritte wie für die Maus-Karte.

Elefant und Ente als Vorlage zum Abpausen

Die Weihnachtspost

Schneeflöckchen, Weißröckchen

Hurra, der erste Schnee ist da! Nichts wie raus, denken sich Maus, Elefant und Ente. Sie machen einen langen Spaziergang durch den winterlichen Wald. Hm, wie gut hier die Luft riecht und wie schön der Schnee in der Sonne glitzert! Mitten im Wald entdecken die drei einen wunderschönen Tannenbaum. Genau der richtige für Weihnachten! Sie nehmen ihn mit nach Hause.

Auf dem Heimweg lassen sie sich noch mal kräftig den Wind um den Rüssel und die Schneebälle um die Ohren pfeifen. Puh, ist das kalt. Jetzt wird es aber wirklich Zeit, durch den Schnee nach Hause zu stapfen. Nach Hause, wo es warm ist – und wo schon leckere Äpfel darauf warten, gefüllt, gebraten und vernascht zu werden.
Advent, Advent, ein Lichtlein brennt. Erst eins, dann zwei, dann drei.

Der Bratapfel

Kinder, kommt und ratet,
was im Ofen bratet!
Hört, wie's knallt und zischt.
Bald wird er aufgetischt,
der Zipfel, der Zapfel,
der Kipfel, der Kapfel,
der gelb-rote Apfel.

Kinder, lauft schneller,
holt einen Teller,
holt eine Gabel!
Sperrt auf den Schnabel
für den Zipfel, den Zapfel,
den Kipfel, den Kapfel,
den goldbraunen Apfel!

Sie pusten und prusten,
sie gucken und schlucken,
sie schnalzen und schmecken,
lecken und schlecken
den Zipfel, den Zapfel,
den Kipfel, den Kapfel,
den knusprigen Apfel.

Volksgut

Zutaten:
4 gewaschene Äpfel
2 EL gemahlene Mandeln
2 EL Rosinen
2 EL Honig
20 g Butter
Saft einer halben Zitrone

Backanleitung

Zuerst entkernst du die Äpfel mit einem Apfelausstecher. Die Rosinen lässt du ca. 5 Minuten in warmem Wasser ziehen.

Nachdem du sie gut abtropfen lassen hast, vermischst du sie mit den gemahlenen Mandeln, dem Honig und Zitronensaft.

Nun füllst du die Äpfel mit der süßen Masse und verteilst die Butter in kleinen Flocken auf den Äpfeln.

In meinem kleinen Apfel

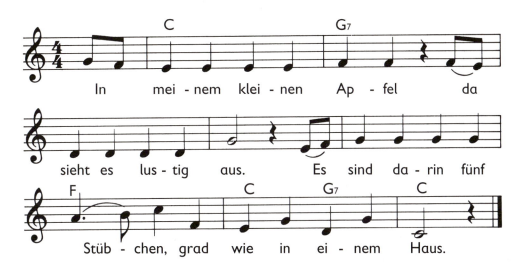

In mei - nem klei - nen Ap - fel da sieht es lus - tig aus. Es sind da - rin fünf Stüb - chen, grad wie in ei - nem Haus.

In jedem Stübchen wohnen
vier Kernlein rund und fein.
Sie liegen da und träumen
vom lieben Sonnenschein.

Sie träumen auch noch weiter
wohl einen schönen Traum,
wenn sie einst werden hängen
am schönen Weihnachtsbaum.
Volksgut

Danach setzt du die Äpfel vorsichtig in eine gefettete feuerfeste Form. Zum Einfetten verwendest du die restliche Butter.

Bei 180 °C lässt du die Äpfel ca. 30 Minuten im Ofen, bis sie goldbraun sind. Denke daran, dass du Topfhandschuhe trägst.

Am besten schmecken deine Bratäpfel, wenn du sie mit Vanillesoße servierst. Guten Appetit!

Oh Tannenbaum, oh Tannenbaum

Jetzt steht er wieder, der Tannenbaum. Zwar noch ein bisschen schief, aber das werden Maus, Elefant und Ente schon hinkriegen. Dann muss natürlich erst mal ein Weihnachtsbaum daraus gemacht werden. Und dafür braucht man ... Christbaumschmuck, klar! Den basteln Maus, Elefant und Ente heute Nachmittag. Sie haben schon jede Menge Ideen. Und bald, am Heiligen Abend, werden an einem prächtig geschmückten Weihnachtsbaum die Lichter brennen. Ob dann auch viele schöne Geschenke darunter liegen? Na, abwarten!

Advent, Advent, ein Lichtlein brennt. Erst eins, dann zwei, dann drei, dann vier – dann steht das Christkind vor der Tür.

Maus-schlauer Weihnachtsbaumschmuck

Knopfgirlande

Mit Nadel und Faden fädelst du Knöpfe auf und knotest sie in beliebigen Abständen fest. Die aufgereihten Knöpfe ergeben eine lange Kette, mit der du den Weihnachtsbaum schmücken kannst.

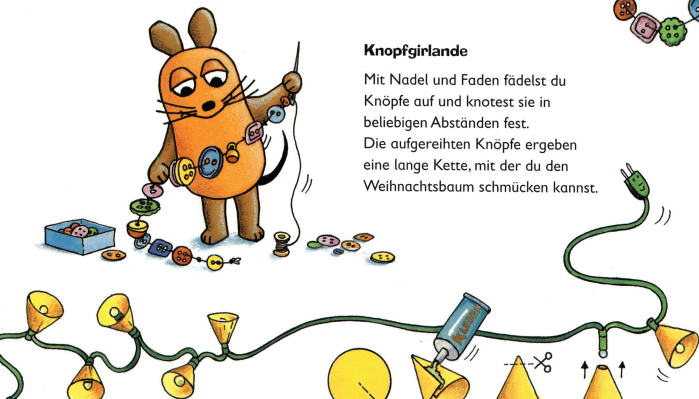

Lichterkette

Um einen Kreis zuzuschneiden, stellst du eine Tasse mit der Öffnung nach unten auf farbiges Transparentpapier, umrandest die Tasse mit einem Bleistift und schneidest den markierten Kreis anschließend aus.

Nun schneidest du den Kreis bis zur Mitte ein, formst aus dem Kreis einen Kegel und klebst die überlappenden Seiten aneinander fest. Von der Spitze des Kegels schneidest du etwa 0,5 cm ab und steckst die fertigen Hauben über die Lämpchen der Lichterkette. Nicht vergessen! Beim Verlassen des Raums unbedingt den Stecker ziehen.

Äpfel als Christbaumkugeln

Auf ein großes Stück Strohseidenpapier legst du einen Apfel. Umwickle den Apfel mit dem Papier und binde das offene Ende mit einem Geschenkband zusammen. Deine Apfelchristbaumkugel kannst du nun im Baum aufhängen. Für kleinere Kugeln kannst du an Stelle des Apfels auch eine Walnuss umwickeln.

Weihnachtskarten

Weihnachtskarten sind ein schöner Weihnachtsschmuck – fast ohne Aufwand. Einfach lochen und ein Band daran befestigen – fertig! Am schönsten sind natürlich selbst gebastelte Karten!

Spiralen aus Tonpapier

Wie bei der Bastelanleitung für die Lichterkette schneidest du zuerst einen Kreis zu. Auf den Kreis malst du ein Schneckenhaus. Schneide entlang der Linien den Kreis zu einer Spirale und befestige an einem Ende ein Band.

Sterne aus Tonpapier

Zunächst schneidest du wie bei der Lichterkette einen Kreis zu. Anschließend faltest du ihn zweimal in der Mitte: zuerst zu einem Halb- und dann zu einem Viertelkreis. Nun schneidest du an allen Seiten kleine Dreiecke aus – gib aber Acht, dass du dazwischen kleine Stege stehen lässt. Danach entfaltest du das Papier. Mit einem Geschenkband versehen, kannst du deinen Stern in den Baum hängen.

Lebkuchenbrezeln oder Lebkuchensterne

Auch Lebkuchenbrezeln oder -sterne kannst du mit einem Geschenkband versehen und im Baum aufhängen.

So kommt was Kleines ganz groß raus

Der Elefant packt ein Geschenk, doch klappt das nicht so, wie er denkt.

Die Maus kennt solche Mätzchen schon, drum bringt sie ein Stück Pappkarton.

Und dann schneidet sie, schnipp-schnapp, an den Ecken etwas ab.

Der Elefant schaut, wie sie faltet, knickt und klebt und eifrig waltet.

Dann legt er sein Geschenk hinein. Die Maus packt es noch fertig ein.

Jetzt liegt es unterm Weihnachtsbaum. Hast du nicht Lust, mal nachzuschaun?

Bastelanleitung für Geschenkschachteln

Dazu brauchst du: Fotokarton in verschiedenen Farben,
eine Schere,
einen Bleistift,
ein Lineal,
Klebstoff,
Geschenkband

Auf der letzten Seite dieses Buchs findest du die Zeichnung einer aufgefalteten Schachtel, die du ganz einfach abpausen oder mit Lineal und Bleistift nachzeichnen kannst.
Nachdem du die Schachtel ausgeschnitten hast (entlang aller dicken Linien), musst du sie an den gestrichelten Kanten falten. Damit es einfacher geht, legst du jeweils ein Lineal an und fährst mit einer Schere daran entlang.

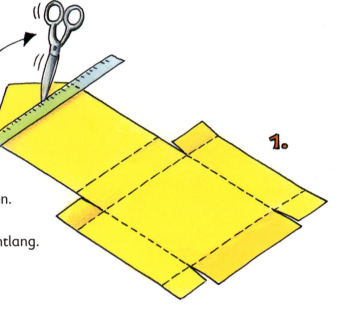

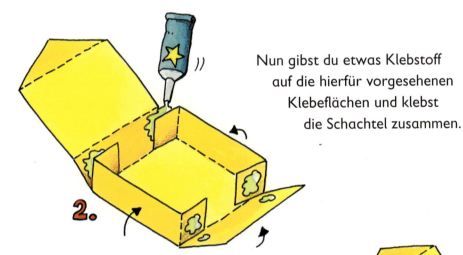

Nun gibst du etwas Klebstoff auf die hierfür vorgesehenen Klebeflächen und klebst die Schachtel zusammen.

Jetzt kannst du dein Geschenk in die Schachtel legen.
Mit einem Geschenkband und selbst gemalten Weihnachtsmotiven geschmückt, sieht deine Geschenkschachtel besonders schön aus!

Oh Tannenbaum

Oh Tannenbaum, oh Tannenbaum, wie treu sind deine Blätter! Du grünst nicht nur zur Sommerszeit, nein, auch im Winter, wenn es schneit. Oh Tannenbaum, oh Tannenbaum, wie treu sind deine Blätter!

Oh Tannenbaum, oh Tannenbaum,
Du kannst mir sehr gefallen!
Wie oft hat nicht zur Weihnachtszeit
Ein Baum von dir mich hocherfreut!
Oh Tannenbaum, oh Tannenbaum,
Du kannst mir sehr gefallen!

Oh Tannenbaum, oh Tannenbaum,
Dein Kleid will mich was lehren:
Die Hoffnung und Beständigkeit
Gibt Trost und Kraft zu jeder Zeit.
Oh Tannenbaum, oh Tannenbaum,
dein Kleid will mich was lehren!

Volksgut

Klingeling! Es ist so weit. Maus, Elefant und Ente freuen sich über die bunten Päckchen unter ihrem Weihnachtsbaum. Was da wohl drin ist?

Der Elefant bekommt seinen Rüssel ringelrundgestrickt.

Die Ente geht vor Freude gleich in die Luft.

Die Maus kann sich für Muff und Mütze sehr erwärmen.

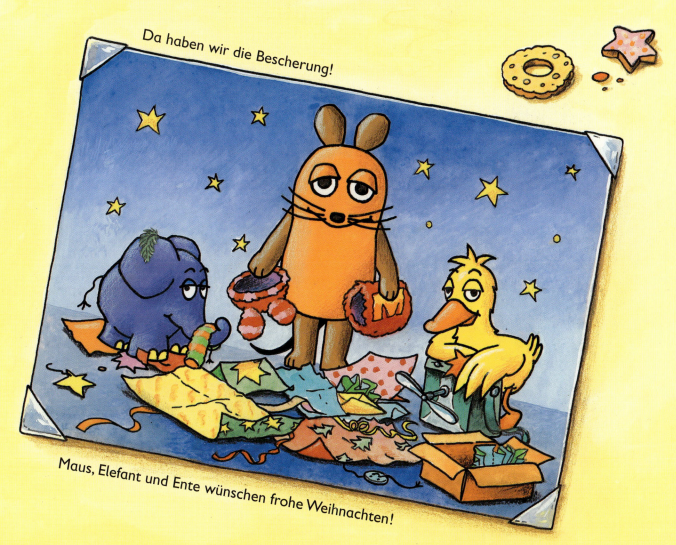

Da haben wir die Bescherung!

Maus, Elefant und Ente wünschen frohe Weihnachten!

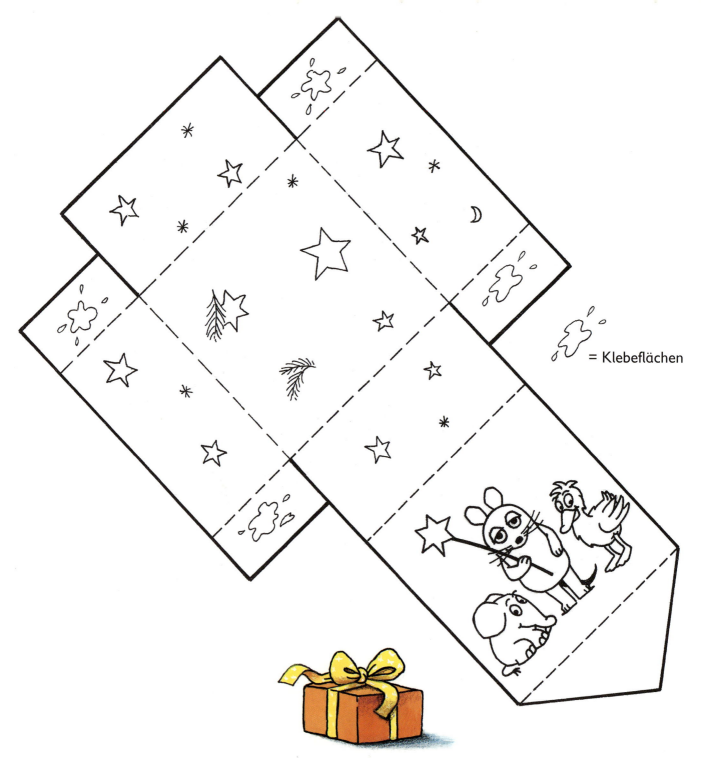

= Klebeflächen

Hinweis: Bei Bastelarbeiten, für die du Schere oder
Nadel brauchst, sollte dir ein Erwachsener helfen.
Dies gilt auch für die Backanleitung für die Bratäpfel und
die Bastelanleitung für die Lichterkette.

4 3 2 1   04 03 02 01

© I. Schmitt-Menzel / Friedrich Streich
WWF Lizenzhaus Köln GmbH
Die Sendung mit der Maus ® WDR
Lizenz: BAVARIA SONOR
Bavariafilmplatz 8
D-82031 Geiselgasteig
Illustration: Ina Steinmetz
Text: Martin Frei-Borchers / Karen Thilo

© 2001 Ravensburger Buchverlag
Otto Maier GmbH
D-88188 Ravensburg
Redaktion: Stefanie Fimpel
Umschlaggestaltung: Eva Bender
Printed in Germany
ISBN 3-473-32120-6
www.ravensburger.de